Suspension de Pétunia surfinia Giant Purple et Pastel Rose

# Les Pétunias

Emile Gallé, botaniste et célèbre créateur des vases Gallé du XIXe siècle, n'a que quelques années lorsqu'il aperçoit, des fenêtres de sa maison natale à Nancy, les arrivages de jacinthes, crocus, pélargoniums et Pétunias. Conquis par ce spectacle, le jeune homme tombe amoureux des fleurs et écrit : « Quand on recherchera d'où provient la prédiction de Gallé pour la flore des jardins et des champs, il ne faudra pas oublier qu'il fut par atavisme, et dès l'enfance comme ceux qui l'entouraient, passionnément épris par la fleur. »

Au XIXe siècle, on employait déjà le Pétunia pour garnir des murs. Dans les années 1856, un horticulteur de Liège, M. Haquin, imagina de placer des bacs peu profonds répartis le long d'un mur. Il les planta en pétunias mélangés, dont la végétation produisait un spectacle admirable. Le soir, leur parfum pénétrant attirait les papillons et les sphinx du liseron.

### Les plus parfumés

*Ce sont les Pétunias à coloris bleu foncé qui dispensent le parfum le plus puissant.*

**Pétunia F1 Daddy**  **Pétunia multiflore Merlin Blanc**

Aucune autre annuelle à fleurs n'a fait l'objet de la part des obtenteurs d'une sélection aussi intense sur une aussi longue période.

Dans le genre Pétunia, l'arrivée des surfinia ou Pétunias cascade d'une incroyable générosité, capables de fleurir pendant tout l'été, a fait le tour du monde : il s'en vend plus de vingt millions par an.

Les feuilles du Pétunia ont un effet narcotique similaire au tabac. Le genre Pétunia compte quelque trente-cinq espèces d'annuelles et de vivaces arbustives distribuées dans les régions chaudes d'Amérique du Sud. Les feuilles

**Mélange de Pétunia Prism Candy**

assez pubescentes à bord lisse sont vert sombre. Les fleurs en trompette sont blanches, pourpres, rouges, bleues, roses ou de couleurs mélangées. Son nom vient de « petun », l'un des premiers noms donné au tabac, qui appartient d'ailleurs à la même famille, les solanacées ; d'où leurs ressemblances botaniques.

## Des incontournables

*Prism Candy ou Daddy*
*Titan*
*Les variétés Fantasy*
*Purple Wawe*
*Terracotta*
*Cherry*
*Blue*
*Les variétés Vein*
*Hot Pink*
*Purple*
*Sky blue*
*Violet dream*

# Classification

**Nom botanique : Pétunia**
**Famille : Solanacées**

**VOUS POUVEZ SEMER**

*Port dressé :*
- Pétunia grandiflora à fleurs simples, d'environ 7 cm de diamètre

- Pétunia grandiflora à fleurs doubles, d'environ 7 cm de diamètre

- Pétunia multiflora à fleurs simples, d'environ 5 cm de diamètre, plus nombreuses, résistant aux intempéries et à la chaleur

- Pétunia multiflora à fleurs doubles, environ 5 cm de diamètre, plus fragiles aux intempéries, à tenir de préférence à l'abri

- Pétunia milliflora à fleurs simples, d'environ 4 cm de diamètre, très nombreuses, au port en boule, fragiles à la pluie

*Port semi-retombant :*
- Pétunia fortunia à fleurs simples environ 6 cm de diamètre, nombreuses et de très bonne tenue, forte végétation

**Pour parfumer le jardin**
*Balcony*
*Sonata*
*Horizon Mix*
*Merlin*
*Blue*
*Priscilla*

## VOUS POUVEZ BOUTURER OU ACHETER EN PLANTS

*Port semi-retombant :*
- Pétunia Million Bells à petites fleurs simples, d'environ 2 cm de diamètre, très nombreuses, d'excellente tenue, appelé également Calmibrochoa

*Port retombant :*
- Pétunia surfinia à fleurs simples d'environ 5 cm de diamètre, très florifère, pouvant s'allonger jusqu'à 1,20 m

- Pétunia cascadia à fleurs simples, d'environ 5 cm de diamètre, très forte végétation, très florifère

- Pétunia petitunia à fleurs simples, d'environ 3 cm de diamètre, très florifère

- Pétunia tumbelina à fleurs doubles très odorantes d'environ 5 cm de diamètre, à port très ramifié.

Pétunia Tumbelina

# Une sélection d'espèces intéressantes : beauté, rusticité, floribondité

Pour faciliter votre choix, un tableau donne tous les renseignements nécessaires (couleur, époque de floraison, forme de la fleur, vigueur, floribondité, etc). Les espèces naturelles sont en majuscules. Les croisements obtenus à partir de différentes variétés naturelles sont en minuscules.

## Qu'est-ce qu'un hybride F₁?

*Hybride $F_1$ : graine de première génération.*

*Caractéristique d'une graine hybride $F_1$ : pure, homogène, port vigoureux, généralement précoce.*

# Une sélection d'espèces intéressantes : beauté, rusticité, floribondité

**Légende :**

 Incontournable    Parfumé

| Variétés | FLEUR couleur | forme | Diamètre (cm) | PLANTE forme | Hauteur (cm) | floribondité | particularités |
|---|---|---|---|---|---|---|---|
| **Pétunia GRANDIFLORA** | | | | | | | |
| **Prism Candy ou Daddy** | pastel de mauve, pourpre, rose, jaune | simple | 7 | vigoureuse | 22 - 30 | superbe en suspensions et potées | hybride F1 multiplication par semis |
| **Prisma Sunshine** | jaune pâle | simple | 7 | port compact | 22 - 30 | couleur tout en douceur | hybride F1 multiplication par semis |
| **Balcony** | rose, mauve, violet | double frangée | 8 | tiges plus fragiles | 30 | floraison spectaculaire mais nombre de fleurs réduit | à abriter de la pluie et du vent |
| **Sonata** | blanc pur | double frangée | 8 | tiges plus fragiles | 30 | floraison spectaculaire mais nombre de fleurs réduit | à abriter de la pluie et du vent |
| **Pétunia MULTIFLORA** | | | | | | | |
| **Summer Morn** | pastel de rose, rouge, bleu, jaune | simple | 5 - 6 | très compact | 20 - 25 | floraison soutenue et prolongée | hybride F1 la meilleure résistance à la pluie |

## Une sélection d'espèces intéressantes : beauté, rusticité, floribondité

Légende :  Incontournable  Parfumé

| Variétés | FLEUR couleur | forme | Diamètre (cm) | PLANTE forme | Hauteur (cm) | floribondité | particularités |
|---|---|---|---|---|---|---|---|
| **Horizon Mix**  | tons vifs de rose, rouge, bleu, jaune, blanc | simple | 5 - 6 | très compact | 20 - 25 | floraison soutenue et prolongée | hybride F1 la meilleure résistance à la pluie |
| **Merlin**  | Saumon, bleu foncé, rose vif écarlate, blanc pur | simple | 5 - 6 | très compact | 20 - 25 | floraison soutenue et prolongée | obtention japonaise de grand mérite F1 |
| **Merlin picotée** | rouge, rose, bleu, bordeaux, bordés de blanc | simple | 5 - 6 | grande vigueur | 25 | fleurs multiples hâtives | F1 de grande vigueur, recommandé pour massifs et jardinières |
| **Red Morn** | rouge écarlate à cœur crème | simple | 5 - 6 | grande vigueur | 25 | floraison lumineuse | résistant aux intempéries |
| **Pink Morn** | blanc ivoire, largement bordé de rose vif | simple | 8 - 10 | excellente plante | 25 | grandes fleurs tout l'été | hybride F1 pour jardins et balcons à exposition ensoleillée |
| **Hit parade Bordeaux** | grandes fleurs rouge vin veiné plus foncé | simple | 8 - 10 | excellente plante | 25 | grandes fleurs tout l'été | hybride F1 pour jardins et balcons à exposition ensoleillée |

Pétunia hybride Duo rose double

## Une sélection d'espèces intéressantes : beauté, rusticité, floribondité

**Légende :**  Incontournable  Parfumé

| Variétés | FLEUR couleur | forme | Diamètre (cm) | PLANTE forme | Hauteur (cm) | floribondité | particularités |
|---|---|---|---|---|---|---|---|
| **Sugar** | rose orchidée veiné plus foncé | simple | 8 - 10 | excellente plante | 25 | grandes fleurs tout l'été | hybride F1 pour jardins et balcons à exposition ensoleillée |
| **Titan**  | mélange de tous les tons | simple | 11 - 13 | excellente plante | 25 | grandes fleurs tout l'été | très bon comportement en régions chaudes |
| **PETUNIA MILLIFLORA** | | | | | | | |
| **Fantasy Blue**  | bleu foncé | simple | 3 - 4 | compacte | 15 | très florifère | l'une des plus petites fleurs de pétunia, hybride F1 |
| **Fantasy Red**  | lumineux rouge à œil vif | simple | 3 - 4 | compacte | 15 | très florifère | l'une des plus petites fleurs de pétunia, hybride F1 |
| **Fantasy Pink Morn** | rose clair à œil plus clair | simple | 3 - 4 | compacte | 15 | très florifère | l'une des plus petites fleurs de pétunia, hybride F1 |

# Une sélection d'espèces intéressantes : beauté, rusticité, floribondité

**Légende :**
 Incontournable  Parfumé

| Variétés | FLEUR couleur | forme | Diamètre (cm) | PLANTE forme | Hauteur (cm) | floribondité | particularités |
|---|---|---|---|---|---|---|---|
| **Pétunia FORTUNIA** | | | | | | | |
| **Purple Wawe** 🌼 | pourpre vif | simple | 6 | port semi-retombant | 50 - 60 | abondance de fleurs | plantes exemptes de virus, hybride F1, multiplication par semis |
| **Rosy Wawe** | rose vif | simple | 6 | port semi-retombant | 50 - 60 | abondance de fleurs | plantes exemptes de virus, hybride F1, multiplication par semis |
| **Salmon Wawe** | saumon veiné | simple | 6 | port semi-retombant | 50 - 60 | abondance de fleurs | plantes exemptes de virus, hybride F1, multiplication par semis |
| **Pearly Wawe** | rose lavande | simple | 6 | port semi-retombant | 50 - 60 | abondance de fleurs | plantes exemptes de virus, hybride F1, multiplication par semis |
| **Pétunia MILLION BELLS OU CALIBROCHOA** | | | | | | | |
| **Terracotta ou Calibrochoa** 🌼 | jaune orangé veiné de rose | simple | 2 | port semi-retombant | 15 | grosses, de 40-50 cm de diamètre, à nombreuses fleurs | de création récente, plante intéressante, multiplication par bouturage |

Pétunia Million Bells Blue

| *Une sélection d'espèces intéressantes : beauté, rusticité, floribondité* | | | | | | | Légende :  Incontournable  Parfumé | |
|---|---|---|---|---|---|---|---|---|
| **Variétés** | F L E U R | | Diamètre (cm) | P L A N T E | Hauteur (cm) | floribondité | particularités | |
|  | couleur | forme |  | forme |  |  |  |  |
| **Cherry** | rose fuchsia à cœur jaune | simple | 2 | fines et longues tiges retombantes | 15 | grosses boules de 40-50 cm de diamètre à nombreuses fleurs | de création récente, plante intéressante, multiplication par bouturage | |
| **Blue** | bleu foncé à cœur jaune | simple | 2 | fines et longues tiges retombantes | 15 | grosses boules de 40-50 cm de diamètre à nombreuses fleurs | de création récente, plante intéressante, multiplication par bouturage | |
| **Pétunia SURFINIA** | | | | | | | | |
| **Blue Vein** | parme à cœur violet | simple | 5 | retombante, allongée | 100 - 150 | floraison abondante et de longue durée | multiplication par bouturage, plante qu'il est possible d'hiverner | |
| **Pink Vein** | rose clair veiné | simple | 5 | retombante, allongée | 100 - 150 | floraison abondante et de longue durée | multiplication par bouturage, plante qu'il est possible d'hiverner | |
| **Purple Vein** | blanc veiné pourpre | simple | 5 | retombante, allongée | 100 - 150 | floraison abondante et de longue durée | multiplication par bouturage, plante qu'il est possible d'hiverner | |
| **Blue** | bleu foncé | simple | 5 | retombante, allongée | 100 - 150 | floraison abondante et de longue durée | multiplication par bouturage, plante qu'il est possible d'hiverner | |

# Une sélection d'espèces intéressantes : beauté, rusticité, floribondité

**Légende :**

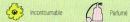 Incontournable     Parfumé

| Variétés | FLEUR couleur | forme | Diamètre (cm) | PLANTE forme | Hauteur (cm) | floribondité | particularités |
|---|---|---|---|---|---|---|---|
| **Hot Pink** (Incontournable) | rose à cœur rose foncé | simple | 5 | retombante, allongée | 100 - 150 | floraison abondante et de longue durée | multiplication par bouturage, plante qu'il est possible d'hiverner |
| **Lime** | jaune pâle | simple | 5 | retombante, allongée | 100 - 150 | floraison abondante et de longue durée | multiplication par bouturage, plante qu'il est possible d'hiverner |
| **Pastel** | rose pastel | simple | 5 | retombante, allongée | 100 - 150 | floraison abondante et de longue durée | multiplication par bouturage, plante qu'il est possible d'hiverner |
| **White** | blanc | simple | 5 | retombante, allongée | 100 - 150 | floraison abondante et de longue durée | multiplication par bouturage, plante qu'il est possible d'hiverner |
| **Purple** (Incontournable) | pourpre foncé | simple | 5 | retombante, allongée | 100 - 150 | floraison abondante et de longue durée | l'un des plus vendus |
| **Sky Blue** (Incontournable) | bleu clair | simple | 5 | retombante, allongée | 100 - 150 | floraison abondante et de longue durée | multiplication par bouturage |
| **Lilac Vein – Doubloon** | parme veiné de violet | double | 5-6 | retombante, allongée | 80 - 100 | floraison abondante et de longue durée | à protéger de la pluie et à pincer pour le faire ramifier |

Pétunia surfinia Blue Vein

## Une sélection d'espèces intéressantes : beauté, rusticité, floribondité

**Légende :**  Incontournable 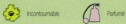 Parfumé

| Variétés | FLEUR couleur | forme | Diamètre (cm) | PLANTE forme | Hauteur (cm) | floribondité | particularités |
|---|---|---|---|---|---|---|---|
| **Pétunia CASCADIA** | | | | | | | |
| **Champagne** | rose foncé | simple | 5-6 | retombante | 100 | floraison précoce et performante, du printemps aux gelées | très bonne plante de suspension |
| **Chaplin** | pourpre-bleu | simple | 5-6 | retombante | 100 | floraison précoce et performante, du printemps aux gelées | très bonne plante de suspension |
| **Cherie** | pourpre foncé | simple | 5-6 | retombante | 100 | floraison précoce et performante, du printemps aux gelées | très bonne plante de suspension |
| **Choice** | blanc | simple | 5-6 | retombante | 100 | floraison précoce et performante, du printemps aux gelées | très bonne plante de suspension |
| **Pink** | rose | simple | 5-6 | retombante | 100 | floraison précoce et performante, du printemps aux gelées | très bonne plante de suspension |
| **Purple Spark** | pourpre clair veiné pourpre | simple | 5-6 | retombante | 100 | floraison précoce et performante, du printemps aux gelées | très bonne plante de suspension |

## *Une sélection d'espèces intéressantes : beauté, rusticité, floribondité*

**Légende :**

 Incontournable   Parfumé

| Variétés | FLEUR couleur | FLEUR forme | Diamètre (cm) | PLANTE forme | Hauteur (cm) | floribondité | particularités |
|---|---|---|---|---|---|---|---|
| **Pétunia PETITUNIA** | | | | | | | |
| Bright Dream | blanc | simple | 3 | retombante | 80 - 100 | multitude de petites fleurs | convient pour massifs et suspensions |
| Happy Dream | rose veiné pourpre foncé | simple | 3 | retombante | 80 - 100 | multitude de petites fleurs | convient pour massifs et suspensions |
| Violet Dream | violet | simple | 3 | retombante | 80 - 100 | multitude de petites fleurs | convient pour massifs et suspensions |
| **Pétunia TUMBELINA** | | | | | | | |
| Priscilla | rose-lilas, pourpre et bicolores | double | 5 | port très ramifié, retombant | 80 - 100 | floraison continue | particulièrement adapté aux suspensions en mélange |

Pétunia Balcony

Pétunia Horizon Sunrise

# Des conseils d'utilisation d'entretien et de plantation

### Comment planter ?

Les Pétunias peuvent être plantés en pleine terre, en jardinières ou en vasques. Mais c'est en suspension, coutume très répandue Outre-Manche, en Suisse, en Allemagne, en Autriche, qu'on agrémente la façade de sa maison de gros nids de fleurs en cascade.

Toute bonne terre de jardin leur convient pour la plantation en pleine terre. Si elle est lourde, allégez-la avec de la tourbe ou du terreau de plantation.

Pour la plantation en contenants divers, utilisez un terreau universel auquel vous ajouterez un engrais à décomposition lente (voir au chapitre fertilisation).

### Comment réaliser une suspension ?

Différents contenants vous seront proposés :

– support métallique ajouré, en forme de demi-sphère. On garnit le fond du panier d'un feutre.
– coupe plastique avec attaches pour la suspendre

- Remplissez le contenant à mi-hauteur avec du terreau pour géranium, enrichi avec un engrais à longue durée.

- Avant la mise en place des plantes, enfoncez au centre une bouteille en plastique, goulot dans la terre. Coupez-la à mi-hauteur. Elle servira de réserve d'eau et évitera au terreau de se dessécher.

- Positionnez les plantes dans le contenant avant leur plantation définitive. Si vous mélangez d'autres espèces aux pétunias, placez les plantes retombantes sur le bord. Remplissez les interstices entre les mottes de terreau et tassez.

## Comment les entretenir ?

### *Exposition :*

Placez les Pétunias au soleil ou mi-ombre, jamais à l'ombre. Si les tiges « filent », cela signifie que la plante manque de luminosité.

### *Arrosage :*

En été, et selon l'ensoleillement, tous les jours ou tous les deux jours. La plante fane rapidement si elle manque d'eau ; par contre, laissez sécher le substrat entre deux arrosages. Le choix du terreau a son importance pour la rétention en eau : utilisez un bon terreau fibreux, à base de tourbes de sphaigne et comportant un petit pourcentage d'argile. Choisissez un contenant de grand volume, les plantes se dessècheront moins vite.

Pour les plantes en corbeille, décrochez, et faites les tremper pendant dix minutes une fois par semaine.

### *Fertilisation :*

Les Pétunias sont des plantes gourmandes. Lors de la plantation, ajoutez au terreau un engrais à décomposition lente : les engrais organiques comme la corne broyée et torréfiée, le sang desséché conviennent bien, à raison d'une petite poignée pour un contenant de grand volume. Les engrais chimiques enrobés type osmocote sont également très efficaces. De façon hebdomadaire, arrosez les plantes avec un engrais complet riche en potasse, du type engrais pour plantes fleuries, engrais géranium ou engrais tomate. Arrosez auparavant la motte des plantes à l'eau claire pour ne pas brûler les racines.

Le point faible des pétunias retombants est un jaunissement du feuillage : cela signifie que la plante est carencée en fer. Pour prévenir ce manque, arrosez avec une eau peu calcaire, ou apportez un supplément minéral sous forme de chélates de fer, souvent appelés engrais anti-chlorose.

*Soins :*
Les Pétunias, surfinias surtout, demandent un nettoyage hebdomadaire : enlevez les fleurs fanées, la remontée des boutons floraux sera d'autant plus importante.

## Lutte contre les maladies et parasites

● *Botrytis ou pourriture grise :*
*Sur les feuilles, présence de taches molles de pourriture due à la maladie.*
*Lutte : exposez suffisamment la plante au soleil, diminuez les arrosages, évitez de mouiller le feuillage. Si l'infection persiste, pulvérisez avec un fongicide anti-pourriture.*

● *Pucerons*
*Sur les jeunes pousses, sur la face inférieure des feuilles, les piqûres des pucerons provoquent une déformation.*
*Lutte : pulvérisez un insecticide naturel tel que la roténone, le pyrèthre ou du savon noir.*

● *Aleurodes ou mouches blanches*
*Sur la face inférieure des feuilles, de minuscules petites mouches blanches provoquent une décoloration et un affaiblissement de la plante.*
*Lutte : identique aux pucerons. Si les aleurodes persistent, pulvérisez avec un insecticide chimique.*

**Carence en fer sur surfinia**

# La multiplication

Dans le chapitre « classification » sont répertoriées les espèces se multipliant par semis et par bouturage.

**Le semis**

Remplissez une petite terrine avec un terreau fin, tamisé en surface. Nivelez la surface. Tassez légèrement à l'aide d'une taloche. Les graines de Pétunias sont très fines (10 000 graines au gramme). $1/10^e$ de gramme de semence est conseillé pour une terrine de 30 x 40 cm, ce qui équivaut à 1 000 plantes. Ayez donc la main légère !

Faites un semis clair à la volée, en épandant les graines régulièrement.

Tassez à nouveau pour mettre les graines en contact avec le substrat.

Arrosez en pluie fine. Recouvrez d'un plastique. Placez au chaud (en mini-serre ou près d'une source de chaleur).

La germination aura lieu en 8 à 10 jours.

*En plaque alvéolée*

**Semis de Pétunia âgés de 4 semaines**

*En terrine*

# Le bouturage

*La bouture d'extrémité de tige ou de tête*

C'est la méthode professionnelle, facile à réaliser durant la période estivale pour ceux ne possédant pas de serre.

Avec un couteau aiguisé, prélevez une jeune pousse, sans bouton floral apparent. Coupez toujours sous un nœud (3e ou 4e nœud), à quelques millimètres sous celui-ci.

Eliminez les feuilles de la base.

Piquez les boutures dans un terreau sableux en enterrant d'un tiers la partie de la tige dénudée. Arrosez, sans excès. Pour améliorer la reprise, couvrir le pot d'un film plastique ou placez-les dans une mini-serre. En été, l'enracinement nécessite une quinzaine de jours en plein air.

**Boutures de Pétunia surfinia**

Pétunia surfinia Sky Blue

# Calendrier des tâches d'entretien

| Tâches | Janvier | Février | Mars | Avril | Mai | Juin |
|---|---|---|---|---|---|---|
| Plantation | | | | | Selon le climat extérieur et les diverses régions | |
| Arrosage | | | | | Régulier, selon le climat, l'exposition eau non calcaire de préférence | |
| Fertilisation | | | | | Début 15 jours après plantation régulièrement, 1 x par semaine avec un engrais pour géraniums ou potées fleuries | |
| Nettoyage | | | | | Enlever les fleurs fanées pour une meilleure floraison | |
| Arrachage | | | | | | |
| Semis | | Au chaud suivi d'un repiquage en godet | | | | |
| Bouturage (de tête) | | Possible sur jeune pousse des pieds de l'année précédente | | | | |

| Juillet | Août | Septembre | Octobre | Novembre | Décembre |
|---|---|---|---|---|---|
| | | | | | |
| | | Régulier, selon le climat, l'exposition eau non calcaire de préférence | | | |
| | Début 15 jours après plantation régulièrement, 1 x par semaine avec un engrais pour géraniums ou potées fleuries | | | | |
| | | Enlever les fleurs fanées pour une meilleure floraison | | | |
| | | | | L'hivernage des plantes issues de bouturage est possible en local frais | |
| | | | | | |
| | | À l'extérieur ou au chaud, selon les températures extérieures | | | |

# Des associations heureuses

Associez les Pétunias retombants à des plantes de vigueur comparable, pour éviter l'étouffement des espèces à croissance faible, car ce sont des plantes très robustes, à croissance rapide.

**Exemple des végétaux à associer**

- *Pélargonium lierre*, dans la série « Roi des Balcons », très florifère

- *Bidens* à petites fleurs étoilées jaunes. Plante au développement identique aux Pétunias

- *Verbena* (verveine) : une plante florifère, avec des coloris variés, à exposer au soleil

- *Sanvitalia* : une abondante floraison jaune. Plante facile

- *Lobelia* : un bleu d'une rare intensité, s'associant bien aux Pétunias pastel

- *Scaevola* : une plante à croissance moyenne avec de solides tiges et des fleurs mauves

- *Gnaphalium* ou *Helichrysum* : apprécié pour son feuillage duveteux, gris argenté ou vert-jaunâtre

- *Plectranthus* : feuillage panaché de crème de même vigueur que le Pétunia

- *Glechoma* ou *lierre terrestre* : beau feuillage panaché qui se développe surtout en longueur.

Pélargonium Roi des Balcons

Bidens

Verbena

Sanvitalia

Lobelia bleu avec surfinia Giant Purple

Scaevola

Pétunia surfinia Giant Purple avec Bidens et Pelargonium

Glechoma

Mélange de Pétunia Titan

Crédit photographique
Thompson et Morgan couv.,
pp. 5 droite, 39, 40
F. Andrès pp. 1, 4 droite, 12-13, 16-1
20-21, 29, 31, 32-33, 37
P. Baumaux pp. 2, 4 gauche,
8, 24-25, 26

Illustrations
M. Andrès pp. 30,32

Texte
Fabienne Andrès

Avec nos remerciements à
M. Philippe Baumaux,
M. Jean-Pierre Bureau,
Mme Ransome
(Thompson et Morgan)
Mme Johansson (Jardin Express)

Conception
Françoise Helluy

Maquette Soféric

© Éditions S.A.E.P.
68040 Ingersheim

Dépôt légal 1er trim. 2003
n° 2 728

Imprimé en U.E.

# Quelques bonnes adresses :

*Pour l'achat des graines :*
Graines Baumaux
54062 NANCY Cedex
Tél. 03.83.15.86.86

Graines Thompson et Morgan
77401 LAGNY SUR MARNE
Tél. 01.60.07.91.48

*Pour l'achat des jeunes plants :*
Jardin Express, le spécialiste des mini-mottes
80203 PERONNE
Tél. 03.22.85.77.44

*Pour l'achat des plantes prêtes à la plantation :*
Bureau et Fils
49170 SAVENNIERES
Tél. 02.41.72.21.67

**Chez les horticulteurs et dans les bonnes jardineries**